DIE WALKÜRE.

PERSONEN

der Handlung in 3 Aufzügen.

SIEGMUND .... TENOR.	SIEGLINDE .... SOPRAN.
HUNDING ..... BASS.	BRÜNNHILDE .... SOPRAN.
WOTAN .... HOHER BASS.	FRICKA .... SOPRAN.

GERHILDE, ORTLINDE, WALTRAUTE, SCHWERTLEITE,
HELMWIGE, SIEGRUNE, GRIMGERDE, ROSSWEISSE:
WALKÜREN .... SOPRAN und ALT.

Schauplatz der Handlung:

Erster Aufzug: Das Innere der Wohnung Hundings.
Zweiter Aufzug: Wildes Felsengebirg.
Dritter Aufzug: Auf dem Gipfel eines Felsenberges
(des „Brünnhildensteines")

VERZEICHNISS DER SCENEN.

DIE WALKÜRE

VON

RICHARD WAGNER

ERSTER AUFZUG.

Vorspiel und erste Scene.

3

4

8ª basso

6

immer abnehmend.

Der Vorhang geht auf. _ (Das Innere eines Wohnraumes; um einen starken Eschenstamm, als Mittelpunkt, gezimmerter Saal.

Rechts im Vordergrunde der Herd; dahinter der Speicher; im Hintergrunde die grosse Eingangsthüre; links in der Tiefe führen Stufen zu einem inneren Gemache; daselbst im Vordergrunde ein Tisch, mit breiter Bank an die Wand gezimmert, dahinter, hölzerne Schemel davor.)

(Die Bühne bleibt eine Zeit lang leer ; aussen Sturm, im Begriffe sich gänzlich zu legen.)

7

(Siegmund öffnet von aussen die Eingangsthüre, und tritt ein. Er hält den Riegel noch in der Hand, und überblickt den Wohnraum.

er scheint von übermässiger Anstrengung erschöpft: sein Gewand und Aussehen zeigen, dass er sich auf der Flucht befinde. Da er Niemand

gewahrt, schliesst er hinter sich; schreitet mit der äussersten Anstrengung eines Todmüden auf den Herd zu, und wirft sich dort auf eine Decke

Etwas zurückhaltend.

von Barenfell nieder.)

SIEGMUND.

(Er sinkt zurück, und bleibt regungslos ausgestreckt.)

Wess' Herd diess auch sei, hier muss ich ra_sten.

a tempo.

8

(Sieglinde tritt aus der Thüre des inneren Gemaches: Sie glaubte ihren Mann heimgekehrt; ihre ernste Miene zeigt sich dann verwundert, als sie einen Fremden am Herde ausgestreckt sieht.)

ritard.

Lento.

SIEGLINDE. (Noch im Hintergrunde.)

(Sie tritt näher)

Ein fremder Mann? ihn muss ich fragen.

Wer kam in's Haus, und liegt dort am

Mässig.

Langsam.

(Da Siegmund sich nicht regt, tritt sie noch etwas näher und betrachtet ihn.)

Herd?

Mü_de liegt er von We_ges Müh'n.

Etwas langsam.

(Sie neigt sich zu ihm herab und lauscht.)

Schwanden die Sin_ne ihm? wä_re er siech?

Etwas belebt.

ritard.

Siegmund trinkt, und reicht ihr das Horn zurück. Als er ihr mit dem Haupte Dank zuwinkt, haftet sein Blick mit steigender Theilnahme

an ihren Mienen.)

SIEGM.

Kühlende Labung gab mir der Quell, des Müden Last machte er leicht: erfrischt ist der Muth, das Aug' erfreut des

Langsam.

Se-hens se - li-ge Lust. Wer ist's der so mir es labt?

SIEGL.

Langsam.

Diess Haus und diess Weib sind Hundings Eigen: gastlich gönn' er dir Rast: harre bis heim er kehrt!

SIEGM.

Voriges Tempo.

Waf-fen-los bin ich: dem wunden Gast wird dein Gat-te nicht weh-ren.

SIEGL. (mit besorgter Hast.)

Die Wunden weise mir schnell! (Er schüttelt sich und springt lebhaft vom Lager zum Sitz auf.)

SIEGM.

Etwas belebt.

Gering sind sie, der Re-de nicht werth; noch fü-gen des Leibes Glieder sich fest. Hätten halb so stark wie mein Arm Schild und Speer mir ge-halten, nimmer floh' ich dem Feind; doch zer-schellten mir Speer und Schild.

Der Fein-de Meu-te hetzte mich müd', Gewitter-brunst brach meinen Leib; doch

wachsender Wärme auf sie heftet. Er setzt so das Horn ab, und lässt es langsam sinken, während der Ausdruck der Miene in starke Er

griffenheit übergeht.

Er seufzt tief auf, und senkt den Blick düster zu Boden.

SIEGM. (mit bebender Stimme.)

lebhaft.

(Er bricht auf.)

Ei_nen Un_se_li_gen labtest du: Un_heil wende der Wunsch von dir!

(Er geht nach hinten)

Gerastet hab' ich und süss ge_ruht: _ weiter wend' ich den Schritt.

SIEGL. (lebhaft sich umwendend.)

Wer verfolgt dich, dass du schon flieh'st?

SIEGM.

(hat angehalten)

Miss_wen_de folgt mir wo_hin ich

Langsam.

14

K 1007

flie_he; Miss_wen_de naht mir wo ich mich nei_ge.

dir Frau doch blei_be sie fern! fort wend' ich Fuss und Schnell.

SIEGL.

(Er schreitet schnell bis zur Thüre und hebt den Riegel.)

(in heftigem Selbstvergessen ihm nachrufend)

So blei_be hier! ___ Nicht bringst du Un_heil da_

Blick.

_hin, wo Un_heil im Hau_se wohnt!

(Siegmund bleibt tieferschüttert stehen: er forscht in Sieglinde's

Langsam.

Mienen: diese schlägt verschämt und traurig die Augen nieder. Siegmund kehrt zurück.)

SIEGM.

Wehwalt hiess ich mich selbst: Hunding   will ich er -

(Er lehnt sich an den Herd: sein Blick haftet mit ruhiger und entschlossener Theilnahme an Sieglinde: diese hebt langsam das

. warten.

Auge wieder zu ihm auf. Beide blicken sich, in langem. Schweigen. mit dem Ausdruck tiefster Ergriffenheit, in die Augen.)
sehr ausdrucksvoll.

Zweite Scene.

schelten?

HUNDING.

Hei - lig ist mein Herd: hei - lig sei dir mein

Haus.

(Er legt seine Waffen ab, und übergiebt sie Sieglinde.)

(zu Sieglinde)

Rüst' uns Männern das

Mahl!

(Sieglinde hängt die Waffen an Aesten des Escheustammes auf, dann holt sie Speise und Trank aus dem Spei=

cher und rüstet auf dem Tische das Nachtmahl.)

(Unwillkürlich haftet sie wieder den Blick auf Siegmund.)

(Hunding misst scharf und verwundert Siegmund's Züge,
die er mit denen seiner Frau vergleicht.

Tische, und Siegmund den Sitz bietend.)

Dach dich deckt, dess' Haus dich hegt, Hunding heisst der Wirth; wendest von hier du nach

West den Schritt, in Hö-fen reich hausen dort Sippen, die Hunding's Eh-re be-hü--ten:

gönn't mir Eh-re mein Gast, wird sein Na-me nun mir ge-nannt.

(Siegmund, der sich am Tische niedergesetzt, blickt

nachdenklich vor sich hin. Sieglinde, die sich neben Hunding, Siegmund gegenüber gesetzt, heftet ihr Auge mit auffallender Theilnahme und Spannung auf diesen.)

HUND. (der Beide beobachtet)

Trägst du Sorge mir zu ver-traun, der Frau hier gieb doch kunde: sieh, wie gie-rig sie dich frägt!

SIEGL. (unbefangen und theilnahmvoll)

(Siegmund blickt auf, sieht ihr in das Auge, und beginnt ernst.)

Gast, wer du bist wüsst' ich gern.

Etwas langsamer als zuvor.

p ruhig. dim.

SIEGM.

Friedmund darf ich nicht heissen; Frohwalt möcht ich wohl sein: doch Weh_walt muss ich mich

immer gut gehalten.

nennen. Wolfe, der war mein Vater; zu zwei kam ich zur Welt, eine Zwillings Schwester und ich.

dim. piü p

Früh schwanden mir Mutter und Maid; die mich gebar, und die mit mir sie barg, kaum hab'ich je sie ge-kannt.

Wehrlich und stark war Wolfe; der Fein-de wuchsen ihm viel. Zum Ja- gen zog mit dem

Jungen der Al-te; von Hetze und Harst einst kehrten wir heim, da lag das

Wolfsnest leer. Zu Schutt gebrannt der prangende Saal, zum Stumpf der Ei-che blühender

Stamm; erschlagen der Mut-ter mu - thiger Leib, verschwun-den in Glu-then der Schwe-ster Spur: uns

schuf die her-be Noth der Nei- dinge har - te Schaar. Ge-

äch_tet floh der Al_te mit mir; lan_ge Jah_re leb_te der Junge mit Wol_fe im wil_den Wald:

man_che Jagd ward auf sie gemacht; doch mu _ thig wehr _ te das Wolfs_paar sich.

(zu Hunding gewandt)

Ein Wöl _ fing kündet dir das, den als „Wöl_fing" mancher wohl kennt.

HUNDING.

Wunder und wil_de Mä _ re kündest du, küh_ner Gast, Wehwalt der Wöl_fing! Mich

SIEGL.

Doch weiter künde, Fremder: wo

dünkt, von dem wehrlichen Paar vernahm ich dunkle Sage, kannt' ich auch Wolfe und Wölfing nicht.

weilt dein Vater jetzt?

SIEGM.

Etwas bewegter.

Ein starkes Jagen auf uns   stellten die Neidinge

an: der Jä - ger vie - le   fie - len den Wölfen,   in Flucht durch den

Wald   trieb sie das Wild;   wie   Spreu zerstob uns der Feind.   Doch ward ich vom Va - ter ver

- sprengt; sei - ne Spur ver - lor ich,   je länger ich forschte: ei - nes Wol - fes Fell nur   traf ich im

Langsam.

Forst: leer lag das vor mir,   den Va - ter   fand   ich   nicht. —

Weh': drum musst'ich mich Weh_walt nennen, des We_hes waltet ich

espress.

più cresc. —

(Er sieht zu Sieglinde auf, und gewahrt ihren theilnehmenden Blick.)

nur.

sehr ausdrucksvoll.

p cresc. — — —

dim.

HUNDING.

Die so lei _ dig Loos dir beschied, nicht lieb _ te dich die

dim.

Norn': froh nicht grüsst dich der Mann, dem fremd als Gast du nah'st.

SIEGL. *etwas lebhaft.*

Fei _ ge nur fürchten den der waf_fen_los ein _ sam fährt! _ Künde noch, Gast, wie du im

26

K 1007

Kampf zuletzt die Waffe ver_lor'st?

SIEGM.

immer lebhafter.

Etwas lebhaft.

Ein trau_riges Kind rief mich zum Trutz: vermählen wollte der Magen Sippe dem Mann ohne Minne die Maid. Wider den Zwang zog ich zum Schutz der Dränger Tross traf ich im Kampf: dem Sie_ger sank der Feind. Erschlagen la_gen die Brüder: die Leichen umschlang da die Maid, den Grimm verjagt'ihr der Gram. Mit wil_der Thränen Fluth be_troff sie weinend die Wal; um des Mor_ des der

eig - nen Brü - der klag - te die un - sel' - ge Braut.

Der Erschlagnen Sippen stürm - ten da -

- her; ü - bermächtig ächzten nach Rache sie: rings um die Stätte ragten mir Feinde.

Doch von der Wal wich nicht die Maid; mit Schild und Speer schirmt' ich sie

lang', bis Speer und Schild im Harst mir zerhau'n. Wund und

HUND. (erhebt sich)   *mässig und verhalten.*   *heftiger*

Ich weiss ein wildes Geschlecht, nicht heilig ist ihm was andern hehr: verhasst ist es Al _ len und

schneller und entschlossen.

mir.   Zur Rache ward ich ge _ ru_fen,   Süh _ ne zu nehmen für

Sippen Blut: zu spät kam ich, und kehrte nun heim, des flücht_gen Frev_lers Spur im

(er geht herab.)

eignen Haus   zu er_spähn. _

Mein Haus hü _ tet,   Wöl _ fing, dich heut';   für die Nacht nahm ich dich

und zögernden Schrittes nach dem Speicher.

Dort hält sie wieder an und bleibt, in Sinnen ve-

loren, mit halb abgewandtem Gesicht stehen.

Mit ruhigem Entschluss öffnet sie

den Schrein, füllt ein Trinkhorn, und
schüttet aus einer Büchse Würze hinein.

Dann wendet sie das Auge auf Siegmund, um seinem
Blicke zu begegnen, den dieser fortwährend auf sie heftet.

Sie gewahrt Hunding's
Spähen und wendet sich
sogleich zum Schlafgemach.

Auf den Stufen kehrt sie sich noch einmal um, heftet das Auge sehnsuchtsvoll auf Siegmund, und deutet mit ihrem Blicke andauernd

und mit sprechender Bestimmtheit auf eine Stelle am Eschenstamme.

Langsam.

Hunding fährt auf, und treibt sie mit einer
heftigen Gebärde zum Fortgehen an.

Mit einem letzten Blick auf Siegmund, geht sie in das
Schlafgemach, und schliesst hinter sich die Thüre.

Rascher.

riten.

Langsam.

HUND. (nimmt seine Waffen vom Stamme herab.)

(Im Abgehen sich

Früheres Zeitmaass.

Mit Waf - fen   wehrt sich der Mann. _

zu Siegmund wendend.)

Dich Wöl-fing tref-fe ich   mor - gen: mein Wort   hörtest du _   hü-te dich wohl!

(Er geht in das Gemach; man hört ihn von innen den Riegel schliessen.)

marcato.

Dritte Scene.

(Siegmund allein. Es ist vollständig Nacht geworden; der Saal ist nur noch von einem schwachen Feuer im Herde erhellt.)

Mässig langsam.

(Siegmund lässt sich, nah beim Feuer, auf dem Lager nieder, und brütet in grosser innerer Aufregung

eine Zeitlang schweigend vor sich hin.)

SIEGM.

Ein Schwerdt verhiess mir der Va ter, ich fänd' es in höchster Noth.

Waffenlos fiel ich in Feindes Haus; seiner Rache Pfand raste ich hier:

K 1007

ein Weib sah' ich, won - nig und hehr; ent - zü - ckend Ban - gen

zehrt mein Herz. Zu dir mich nun Sehnsucht zieht, die mit süs - sem Zauber mich

sehrt', im Zwan - ge hält sie der Mann, der mich wehr - lo - sen

höhnt. Wäl - se! Wäl - se! Wo ist dein

Schwert? Das starke Schwert, das im Sturm ich schwän - ge, bricht mir hervor aus der Brust, was wüthend das

Tempo 1°.

(Das Feuer bricht zusammen; es fällt aus der aufsprühenden Gluth plötzlich ein
greller Schein auf die Stelle des Eschenstammes, welche Sieglindes Blick
bezeichnet hatte, und an der man jetzt deutlich einen Schwertgriff haften sieht.)

Herz noch hegt? Was

gleisst dort hell im Glimmerschein? Welch' ein Strahl bricht aus der Esche Stamm?

Des Blin-den Au - ge leuch-tet ein Blitz: lu - stig lacht da der Blick.—

Wie der Schein so hehr das Herz mir sengt!

Ist es der Blick der blü - henden Frau, den dort haftend sie hinter sich liess, als aus dem

36

K 1007

Saal sie schied?

(Von hier an verglimmt das Herdfeuer allmählich)

Näch - - ti-ges Dun - - kel deck - te mein

Aug'; ihres Bli - - ckes Strahl streif - te mich da: Wär - me gewann ich und

Tag.

Se - lig schien mir der Son - ne Licht; den Schei-tel umgliss mir ihr won - ni-ger Glanz —

(Ein neuer schwacher Aufschein des Feuers.)

bis hinter Ber - gen sie sank.

Noch ein - mal, da sie schied, traf mich Abends ihr

Schein; selbst der al - - ten E - sche Stamm er -

- glänz - te in gold' - ner Gluth: da bleicht die Blü - the, das Licht ver -

- lischt; nächtges Dunkel deckt mir das Au - ge: tief in des Busens Berge glimmt nur noch licht - lo - se

hing ihm der Hut der deckt' ihm der Au _ gen ei _ nes; doch des an _ dren Strahl,

Angst schuf es al _ len, traf die Män _ ner sein mächt' _ ges Dräu'n: mir al _

_ lein weck _ te das Au _ ge süss seh _ nenden Harm, Thränen und Trost zu _

_ gleich. Auf mich blickt' er, und blitzte auf Je _ ne, als ein Schwert in Händen er

schwang; das stiess er nun in der E _ sche Stamm, bis zum Heft haf _ tet es

drin:— dem soll.te der Stahl ge _ ziemen, der aus dem Stamm es zög'.   Der

Breit.

dim. _ _   immer p

Männer Al _ le, so kühn sie sich mühten, die Wehr sich keiner gewann;   Gä.ste kamen und Gä.ste gingen, die

Stärksten zogen am Stahl_keinen Zoll entwich er dem Stamm: dort haftet schweigend das Schwert._

più p   pp   pp

Da   wusst' ich, wer   der   war,   der mich gramvol _ le ge - grüsst: ich

poco cresc.

weiss auch,   wem al.lein   im Stamm das Schwert er be _ stimmt.

Sehr lebhaft.
bestimmt.

bestimmt.

più cresc.

O fänd' ich ihu heut' und hier, den Freund; käm' er aus Fremden zur ärmsten Frau: was je ich gelitten in grimmigem Leid, was je mich geschmerzt in Schande und Schmach,— süsseste Rache sühnte dann Alles! Er—

jagt hätt' ich was je ich ver_lor, was je ich beweint wär' mir ge_won_nen

fänd' ich den hei - li_gen Freund, um_fing' den

Hel - - - - - - - - - den mein Arm!

SIEGM. *(mit Gluth Sieglinde umfassend.)*

Dich se - li - ge Frau hält nun der Freund, dem Waf_fe und

Weib be - stimmt! Heiss in der Brust

brennt mir der Eid, der mich dir Ed _ len ver _ mählt. Was je ich er _ sehnt, er _

_ sah' ich in dir; in dir fand ich was je mir ge _ fehlt!

Lit _ test du Schmach, und schmerz _ te mich Leid: war ich ge _ äch _ tet, und

warst du ent _ ehrt: freu _ _ _ _ di _ ge Ra _ che lacht nun den

Fro _ hen! Auf lach' ich in hei _ li _ ger Lust, _

halt' ich dich Heh . . . re umfan . gen, fühl' _____ ich dein
ten.

mf *cresc.* *f* *fz p accel.* *molto cresc.*

SIEGL. (Die grosse Thüre springt auf.) (Siegl: fährt erschrocken zusammen, und reisst sich los.)

Tempo 1° Ha, wer ging? wer

schla . . gendes Herz!

ff *ff*

(Die Thüre bleibt geöffnet: aussen herrliche Frühlingsnacht; der Vollmond leuchtet herein, und wirft sein helles Licht auf das Paar, das so sich plötzlich in voller Deutlichkeit wahrnehmen kann.)

kam her . ein?

meno f *dim.*

SIEGM. (in leiser Entzückung.)

Kei . . . ner ging — doch Ei . . . ner

Sehr allmählich etwas langsamer.

p

kam: sie . . . he, der

più p

Lenz lacht in den Saal!

pp dolce. *pp*

(Siegmund zieht Sieglinde mit sanfter Gewalt zu sich auf das Lager, so dass sie neben ihm zu sitzen kommt.— Wachsende Helligkeit

Mässig bewegt.

pp dolce.

SIEGM.

des Mondscheines.)

pp

Win . ter . stür . me wi . chen dem

Won . ne . mond, ___ in mil . dem Lich . te leuchtet der Lenz; ___ auf lin . den Lüf . ten,

leicht und lieb . lich, Wun . der we . bend er sich wiegt; durch Wald und Au . en

dolce.

weht sein A_them, weit ge.öff_net lacht sein Aug': _____ aus sel'_ger Vög_lein San_ge

süss er_tönt, ___ hol_de Düf_te haucht er aus: sei_nem war_men Blut ent_blü_hen

wonni_ge Blu_men, Keim und Spross entspringt seiner Kraft. Mit zar_ter Waf_fen Zier be_

zwingt er die Welt; _____ Win_ter und Sturm wi_chen der star_ken Wehr: _____ wohl

muss_te den tapfern Streichen die strenge Thür' auch weichen, die trotzig und starr uns trenn_te von

K 1007

jun - ge Paar: ver - eint

sind

Lie - - - - - - - - - - - be und

Lenz!

SIEGL.

Du bist der Lenz nach dem ich ver-

-lang- -te in fro- -sti- gen Win- -ters

Frist. Dich grüss- -te mein

Herz mit hei- -li-gem Grau'n, als dein

Blick _____ zu _ erst mir er _ blüh _ _ _ _ _ _ te.

Fremdes nur sah ich von je

freundlos war mir das Na _ he; als hätt' ich nie es ge _ kannt, war was immer mir

kam. Doch dich kannt' ich

deut _ _ _ lich und klar: als mein Au _ _ _ ge dich

Allmählig bewegter.

sah, warst du mein Ei - - - - - - gen: was im

Bu - - sen ich barg, was ich bin,

hell wie der Tag taucht' es mir auf, wie

tö - - - nender Schall schlug; an mein Ohr, als in

fro - stig ö - der Frem - de zu - erst ich den Freund

webt   dich das Wel. _ _ _ _ len haar:

poco cresc.

was _ mich be - rückt er - rath' _ ich nun

mf

dim.

leicht _ denn won _ _ _ _ nig wei _ _ _ _ det mein

p

piu p

p dolce.

dolce.

SIEGL.

(Sie schlägt ihm die Locken von der Stirn
zurück, und betrachtet ihn staunend.)

Wie dir die Stirn   so of _ fen

Blick.

piu p

pp   sehr weich!   pp

58   K 1007

steht. der Adern Ge-äst in den Schläfen sich schlingt! Mir zagt es vor der Wonne

die mich ent-zückt!__ Ein Wun-der will mich ge-mah-nen:__

den heut' zu-erst ich er-schaut, mein Au-ge sah dich schon!

SIEGM.
Ein Minnetraum gemahnt auch mich: in heis-sem Seh-nen sah ich dich schon!

SIEGL.
Im Bach er-blickt' ich mein ei-gen Bild__ und jetzt ge-

_wahr' ich es wie.der: wie einst dem Teich es enttaucht, bie_test mein

Bild mir nun du!

SIEGM.

Du bist das

(den Blick schnell abwendend.)

SIEGL.

O still! lass mich der Stimme lauschen:

Bild, das ich in mir_ barg.

mich dünkt, ihren Klang hört' ich als Kind _ doch nein! ich hörte sie neulich als

K 1007

meiner Stim _ me Schall mir wiederhallte der Wald.

SIEGM.

O lieb _ lichste Lau _ te, de _ _ nen ich lau _ _ sche!

(Sieglinde ihm wieder in die Augen spähend)

SIEGL.

Deines Au _ ges Gluth er _ glänz _ te mir schon: so blick _ te der Greis grüs _ send auf mich, als der Trau _ ri _ gen Trost _ er

gab. An dem Blick _ erkannt' ihn sein Kind _ schon wöllt' ich beim Na _ _ men ihn nennen!

Wehwalt heisst du für _ wahr?

SIEGM.
Nicht heiss' mich

accel.

einhaltend.

Lebhafter.
molto cresc.

Tempo I°.
Langsamer.
p

accel.
p

SIEGL.
so, seit du mich liebst: nun walt' ich der hehr _ sten Won _ nen!

Und

dim.
dolce.
dim.

Langsamer.

Friedmund darfst du froh dich nicht nennen?

SIEGM.
Heis _ se mich du, wie du liebst dass ich heis _ se: den

Lebhafter.
ruhig.

pp
p
dim.

K 1007

SIEGL.

Na _ men nehm' ich von dir! Doch nanntest du Wol _ fe den

dolce. *Mässig.*

p ruhig. *p*

Va _ ter?

SIEGM.

Ein Wolf war er fei_gen Füchsen! Doch dem so stolz strahl _ te das

dim. *p*

Au _ ge, wie, Herrli_che, hehr dir es strahlt, der war:_ Wäl _ se ge_

poco cresc. *p* *mf*

SIEGL. (ausser sich)

War Wäl _ se dein Va _ ter, und bist du ein Wäl _ sung,

Lebhafter.

_ nannt.

f *p* *p*

f

stiess er für dich sein Schwert in den Stamm _ so

lass mich dich heis _ sen wie ich dich lie _ be:

Sieg _ mund, _ so nenn' ich dich!

SIEGM. (springt auf)

Sehr schnell.

Sieg _ mund heiss' .ich und

Sieg - mund bin ich! be - zeug, es diess Schwert, das

zag - los ich hal - te! Wäl - se ver - hiess mir, in

höch - ster Noth fänd' ich es einst:

ich fass' es nun!

Hei - lig - ster Min - ne

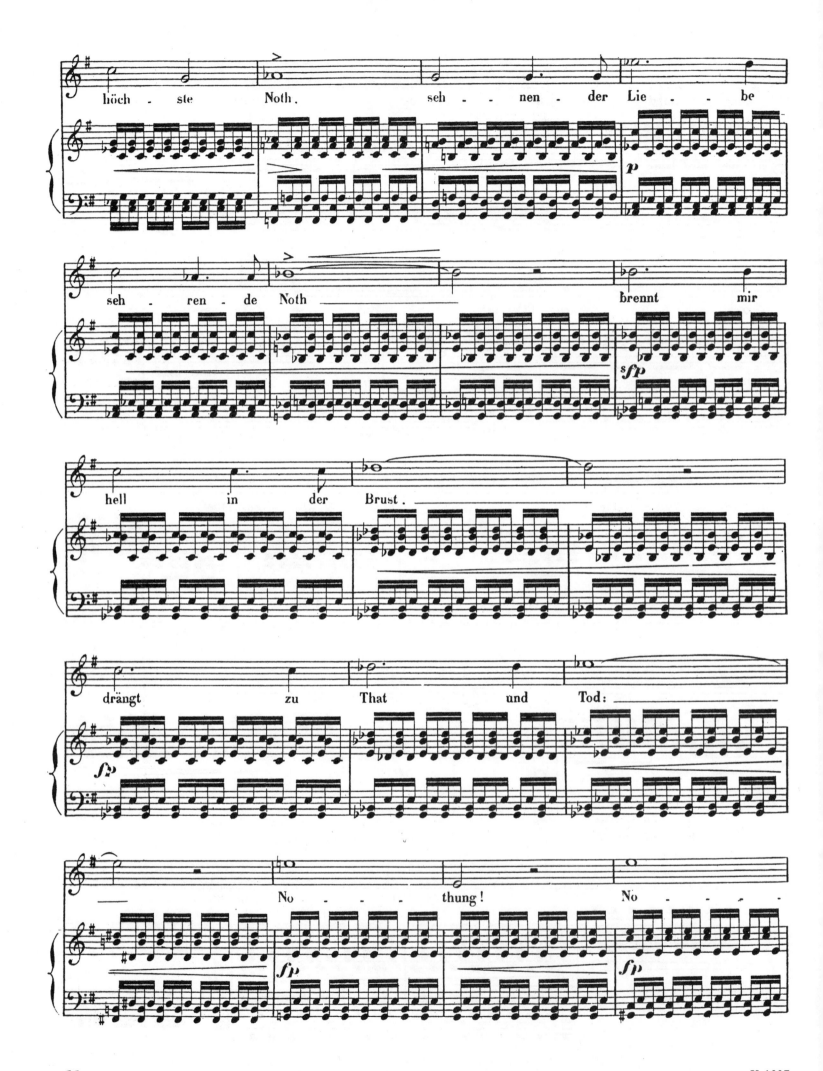

(Siegmund zieht mit einem gewaltigen Zuck das Schwert aus dem Stamme, und zeigt es der von Staunen und Entzücken erfassten Sieglinde.)

Mässig schnell.

immer *ff*

SIEGM.

Sieg - mund, den

Wäl - sung siehst du, Weib!

Als Braut - ga - be

immer *pp*

bringt er diess Schwert:

so freit er sich die

se - - ligste Frau;

dem Fein - deshaus ent -

K 1007

(Er zieht sie mit wüthender Gluth an sich. — Der Vorhang fällt schnell.)

ZWEITER AUFZUG

Vorspiel und erste Scene.

Der Vorhang geht auf. (Wildes Felsengebirg. Im Hintergrunde zieht sich von untenher eine Schlucht herauf, die auf ein erhöhtes Felsjoch mündet, von diesem senkt sich der Boden dem Vordergrunde zu wieder abwärts)

WOTAN. (kriegerisch gewaffnet, mit dem Speer: vor ihm Brünnhilde, als Walküre, ebenfalls in voller Waffenrüstung.)

Immer lebhaft. Dasselbe Zeitmaass.

Nun zäume dein Ross, rei.sige Maid; bald ent.brennt brünstiger Streit. Brünnhilde stürme zum

Streit, dem Wäl.sung kie.se sie Sieg! Hun.ding wäh.le sich, wem er ge-

hört; nach Wal - hall taugt er mir nicht. Drum rüstig und rasch, reite zur

Wal.

BRÜNNHILDE. (jauchzend von Fels zu Fels die Höhe rechts hinauf springend.)

Hojo - toho! ____ hojo - toho! ____ heia - ha! ____ heia - ha! ____

hojo - toho! ____ hojo - toho! ____ heia - ha! ____ heia - ha!

hojo - toho! hojo - toho! hojo - toho! hojo - toho!

(Sie hält auf einer hohen Felsenspitze an, blickt in die hintere Schlucht hinab, und ruft zu Wotan zu)

Dasselbe Zeitmaass ♩=♩.

Dir rath' ich, Va-ter, rüste-dich selbst; harten Sturm sollst du be-

-steh'n. Fricka naht, deine Frau im Wagen mit dem Widderge-spann.

Hei! wie die gold'ne Geisel sie schwingt! Die ar-men Thiere ächzen vor Angst; wild rasseln die

Räder; zor-nig fährt sie zum Zank. In solchem Strausse streit' ich nicht

gern, lieb ich auch muthiger Männer Schlacht; drum sieh wie den Sturm du be-stehst: ich lusti-ge lass' dich im

Stich. Hojo-toho! hojo-to-ho! heia-

-ha! heia-ha! hojo-toho! hojo-toho! heia-

(Brünnhilde verschwindet hinter der Gebirgshöhe zur Seite.)

(In einem mit zwei Widdern bespannten Wagen, langt Fricka aus der Schlucht auf dem Felsjoche an; dort hält sie rasch an und steigt aus.)

(Fricka schreitet heftig in den Vordergrund auf Wotan zu.)

Leidenschaftlich.

WOTAN. (Fricka auf sich zuschreiten sehend, für sich)

zurückhaltend.

Der al - te Sturm, die al - te Müh'! Doch Stand muss ich hier halten!

Etwas breit.

FRICKA (je näher sie kommt, mässigt sie den
Schritt, und stellt sich mit Würde vor Wotan hin.)

Wo in Bergen du dich birgst, der Gat - tin Blick zu ent -

gehn, einsam hier such ich dich auf, dass Hül - fe du mir ver - hiessest.

WOTAN.

Was

Ich vernahm Hundings Noth, um

Fricka kümmert, künde sie frei.

Ra_che rief er mich an: der E_he Hü_terin hör_te ihn, verhiess

streng zu strafen die That des frech frevelnden Paar's, das kühn den Gatten ge_kränkt.

WOTAN.

Was so

schlimmes schuf das Paar, das liebend ein_te der Lenz? Der Minne Zauber ent_zückte sie: wer

FRICKA.

Wie thörig und taub du dich stellst, als wüsstest fürwahr du nicht, dass um der

büsst mir der Minne Macht?

E - he hei - ligen Eid. den hart verletz-ten,ich kla - ge!

Un - hei - lig

acht' ich den Eid, der Un - liebende eint; und mir wahrlich muthe nicht zu, dass mit Zwang ich halte,was dir nicht

haftet: denn wo kühn Kräfte sich re - gen, da rath' ich offen zum Krieg.

Schnell

FRICKA.

Achtest du rühmlich der E - he Bruch, so prahle nun weiter und preiss' es hei - lig, dass Blut - schande ent -

Mässig.

- blüht dem Bund eines Zwillingspaar's! Mir schaudert das Herz, es schwindelt mein Hirn: bräutlich umfing die

Schwester den Bru — — der!

breiter.

Wann ward es erlebt, dass leiblich Geschwister sich lieb — ten?

WOTAN.

Mässig langsam.

Heut —— hast du's er — lebt!

Er — fah — re so, was von selbst sich fügt, sei zuvor auch noch nie es ge — schehn. Dass je — ne sich lie — ben, leuchtet dir hell; drum hö — re redlichen Rath: soll süs — se Lust deinen Se — gen dir loh — nen, so seg — ne, la — chend der Lie — be, Siegmund's und Sieglin — de's

FRICKA.

(In höchste Entrüstung ausbrechend.)

Sehr lebhaft.

So ist es denn aus mit den e . . . wigen Göt . tern, seit du die wil . . den Wälsungen zeugtest? Heraus sagt' ich's; traf ich den Sinn? Nichts gilt dir der Hehren hei . li . ge Sippe! Hin wirfst du Al . les was einst du ge . achtet, zerreis . sest die Ban . de, die selbst du ge . bunden, lö . sest lachend des Him . mels Haft. Dass nach Lust und

zögernd.

Lau_ne nur walte diess frevelnde Zwil_ _lingspaar, deiner Un_treu_e zuchtlo_se Frucht

O was "klag' ich um E_he und Eid, da zu_

_erst du selbst sie ver_sehrt. Die treu_ _e Gat_tin tro_gest du

stets; wo ei_ne Tie_fe, wo ei_ne Hö_he, da_hin lug_te lü_stern dein

Blick, wie des Wech_sels Lust du ge_wän_nest, und höh_nend kränktest mein

Herz.

Trau_____ernden Sin_nes musst ich's er_
_tra_gen, zogst du zur Schlacht mit den schlim_men Mäd_chen, die wil__der Min__ne Bund dir ge_
_bar: denn dein Weib noch scheutest du so, dass der Wal_kü_ren Schaar, und Brünnhil_de
selbst, deines Wunsches Braut, in Ge_hor_sam der Her_rin du gabst. Doch
jetzt, da dir neu__e Na_men ge_fie_len, als "Wäl_se" wöl_fisch im

Wal - de du schweiftest; jetzt, da zu nied - rigster Schmach du dich neig - test, ge - mei - - ner Menschen ein

Paar zu er zeu - gen: jetzt dem Wur - fe der Wöl - - - fin wirfst du zu

Füs - - sen dein Weib!

So

führ' es denn aus! Fül - le das Maass! Die Be - trog' - - ne lass' auch zer -

- cre - - ten!

ff

WOTAN.

ruhig.

Nichts lerntest du, wollt' ich dich leh - ren, was

Etwas langsamer.

nie du erken - nen kannst, eh nicht er - tag - te die That.

Stets gewohntes nur

magst du verstehn: doch was noch nie sich traf, da - nach trach - tet mein Sinn.

Ei - nes

hö - re! Noth thut ein Held, der le - dig gött - lichen Schutzes, sich lö - se vom Götterge -

setz.

So nur taugt er zu wirken die That, die, wie Noth sie den Göt . . tern, dem Gott . . .

FRICKA.

Mit tie . fem Sinne, willst du mich

. . . doch zu wir . . ken ver . wehrt.

täuschen: was Hehres sollten Helden je wirken, das ihren Göttern wäre ver . wehrt, deren Gunst ihn ih . nen nur

wirkt. Wer hauchte Menschen ihn ein? Wer hellte den Blö . den den

WOTAN.

Ihres eig' . nen Muthes ach . test du nicht?

Blick? In deinem Schutz scheinen sie stark, durch deinen Stachel streben sie auf: du reizest sie einzig, die so mir Ew'gen du rühmst.

Lebhaft.

Mit neuer List willst du mich be - lügen, durch neue Ränke mir jetzt ent - rinnen, doch die - sen Wäl - sung gewinnst du dir nicht, in ihm treff' ich nur dich, denn durch dich trotzt er al - lein.

WOTAN.

ergriffen.

In

wil - dem Leiden erwuchs er sich selbst: mein Schutz schirmte ihn nie.

So

schütz' auch heut' ihn nicht! Nimm ihm das Schwert, das du ihm geschenkt Ja, das Schwert das

Das Schwert?

zauberstark zuckende Schwert, das du Gott dem Sohne gabst

Siegmund gewann es sich selbst in der Noth

(Wotan drückt in seiner ganzen Haltung von hier an einen immer wachsenden unheimlichen, tiefen Unmuth aus.)

FRICKA (heftig fortfahrend.)

Du schufst ihm die Noth, wie das neidliche Schwert. Willst du mich täuschen die Tag und

Nacht auf den Fersen dir folgt? Für ihn stiessest du das Schwert in den Stam̄, du ver-

hiessest ihm die heh - re Wehr: willst du es läugnen,dass nur deine List ihn lockte, wo er es

(Wotan fährt mit einer grimmigen Gebärde auf.)

(Fricka immer sicherer.

fänd?

Mit

da sie den Eindruck gewahrt, den sie auf Wotan hervorgebracht hat.)

Un - frei - en strei - tet kein Ed - ler, den Frev - ler straft nur der

Frei - e.

Wider dei - ne Kraft führt'ich wohl Krieg: doch Sieg -

(Neue heftige Gebärde Wotan's, dann Versinken in das Gefühl seiner Ohnmacht.)

- mund ver - fiel mir als Knecht.

Heftig.

FRICKA.

Der dir als Her-ren hö-rig und ei-gen, ge-horchen soll ihm dein e-wig Gemahl? Soll mich in Schmach der nied-rig-ste schmä-hen, dem Fre-chen zum Sporn, dem Frei-en zum Spott? Das kann mein Gat-te nicht wollen, die Göt-tin ent-weiht-er nicht so!

Langsamer.

FRICKA.

Lass von dem Wäl - sung!

Was verlangst du?

(mit gedämpfter Stimme.)

Er

Lebhafter.

Langsamer.

Doch du schütze ihn nicht, wenn zur Schlacht ihn der Rä - cher ruft!

geh' seines Weg's.

Etwas lebhafter.

belebter.

Sieh' mir in's Auge, sinne nicht Trug: die Wal - kü - re

Langsamer. Ich schütze ihn nicht.

wend' auch von ihm!

Nicht doch; deinen Willen voll -

Die Wal - kü - re walte frei.

Belebter.

_bringt sie al_lein: ver_biete ihr Siegmund's Sieg!

Immer belebter.

WOTAN. (in heftigen inneren Kampf ausbrechend.)

Ich kann ihn nicht fäl__len, er fand mein Schwert.

FRICKA.

Ent_zieh' dem den Zau_ber, zer_

_knick' es dem Knecht! Schutz_los schau' ihn der

Empfah' ich von Wotan den Eid?

(in furchtbarem Unmuth

WOTAN.

Nimm' den

auf einen Felsensitz sich werfend.) (Fricka schreitet dem Hintergrunde zu: dort begegnet sie Brünnhilde, und hält einen Augenblick vor ihr an.)

Eid!

FRICKA.

(Sie fährt schnell davon.)

Heervater harret dein: lass' ihn dir künden, wie das Loos er gekiesst.

(Brünnhilde tritt mit besorgter Miene verwundert vor Wotan, der auf dem Felssitze zurückgelehnt in finsteres Brüten versunken ist.)

K 1007

Zweite Scene.

bis zum furchtbarsten Ausbruch.)

WOTAN.

hei_____li_ge Schmach!

schmäh____li_cher Harm!

Göt_____

_____ternoth! Göt____ternoth! End____

100

K 1007

- lo - - ser Grimm!

E - - wi - ger Gram! Der

BRÜNNHILDE.

etwas zurückhaltend.

Va - ter!

Trau - rigste bin ich von Al - len!

Lebhaft.

(Sie wirft erschrocken Schild, Speer und Helm von
sich, und lässt sich mit besorgter Zutraulich -

. keit zu seinen Füssen nieder.)

Va - ter! Sa - ge, was ist dir? Was erschreck'st du mit Sorge dein Kind! Vertraue mir! Ich bin dir treu. Sich.

Mässig langsam. (Sie legt traulich und ängstlich Haupt und Hände ihm auf Knie und Schooss. Wotan blickt ihr lange in das Auge, daß

Brünnhilde bittet.

streichelt er ihr mit unwillkürlicher Zärtlichkeit die Locken. Wie aus tiefem Sinnen zu sich kommend, beginnt er endlich.) *flüsternd.*

WOTAN.

Lass' ich's verlau-ten,

BRÜNNHILDE.

Zu Wo-tan's Wil-len sprichst du, sagst du mir was du

lös' ich dann nicht meines Willens hal-tenden Haft?

willst, wer bin ich, wär' ich dein Wil-le nicht?

WOTAN. *leise.*

Was keinem in Worten ich künde, un-ausge-sprochen bleib' es denn e-wig;

mit mir nur rath' ich, red' ich zu dir. Noch langsamer.

K 1007

(mit gänzlich gedämpfter Stimme.)

Als junger Lie-be Lust mir verblich, verlangte nach Macht mein

streng im Zeitmaass.

Muth: von jäher Wünsche Wüthen gejagt, gewann ich mir die Welt; unwissend trugvoll, Untreue übt' ich, band durch Ver-

-träge was Unheil barg; listig verlockte mich Lo - ge, der schweifend nun verschwand. Von der

Liebe doch mocht'ich nicht lassen, in der Macht verlangt'ich nach Min - ne. Den Nacht gebar, der

bange Niebelung, Alberich, brach ihren Bund; er fluchte der Lieb', und gewann durch den Fluch des Rheines glänzendes

Gold, und mit ihm maasslose Macht. Den Ring, den er schuf, entriss ich ihm listig; doch nicht dem

Rhein gab ich ihm zurück: mit ihm bezahlt'ich Walhall's Zinnen, der Burg, die Riesen mir bauten, aus der ich der

Welt nun gebot. Die Al_les weiss, was einsten war, Er_da, die

weih_lich wei_seste Wa_la, rieth mir ab von dem Ring, warnte vor e_wi_gem En_de.

etwas lebhafter.   *zurückhaltend.*   *belebend.*

Von dem En_de wollt' ich mehr noch wissen; doch schweigend ent_schwand mir das Weib.__ Da ver-

-lor ich den leichten Muth, zu wissen begehrt'es den Gott: in den Schooss der Welt schwang ich mich hinab, mit

Lie-beszau-ber zwang ich die Wa-la, stört' ihres Wissens Stolz, dass sie Re-de nun mir stand.

Kunde empfing ich von ihr, von mir doch barg sie ein Pfand: der Welt wei-sestes

Ein wenig belebter.

Weib gebar mir, Brünn-hil-de, dich. Mit acht Schwestern zog ich dich

auf; durch euch Wal-küren wollt'ich wenden, was mir die Wa-la zu fürchten schuf: ein

schmähliches En - de der Ew'gen. Dass stark zum Streit uns fän-de der Feind,

liess ich euch Hel - den mir schaffen: die herrisch wir sonst in Ge - set - zen hiel - ten, die

Män - ner, de - nen den Muth wir ge - wehrt, die durch trü - ber Ver - trä - ge

trü - gende Ban - de zu blindem Gehorsam wir uns ge - bun - den, die solltet zu Sturm und

Streit ihr nun stacheln, ihre Kraft rei - zen zu rauhem Krieg, dass kühner Kämp - fer

K 1007

BRÜNNH.

Deinen Saal

Schaa-ren ich sammle in Wal-hall's Saal!

füllten wir weidlich: viele schon führt ich dir zu.

Was macht dir nun Sorge, da nie wir ge-

säumt?

WOTAN.

Wieder etwas langsamer.

wieder gedämpfter.

Ein Andres ist's: ach-te es wohl, wess'mich die Wa-la ge-

warnt! Durch Alberich's Heer droht uns das En-de: mit nei-dischem Grim, grollt mir der Niblung:

ten.

belebend.

doch scheu'ich nun nicht seine nächtigen Schaaren, meine Helden schüfen mir Sieg.

belebend.
cresc.

gedämpfter.
noch gedämpfter.

Nur weñ je den Ring zurück er gewönne, dann wäre Wal_hall ver_loren: der der Lie_be

pp
più p
ppp trem.

fluchte, er allein nützte neidisch des Rin_ges Ru_nen zu al_ler Ed_len end_losen Schmach; der Hel_den

p

belebend.
rit. gedämpft.

Muth entwendet'er mir die Kühnen selber zwäng'er zum Kampf, mit ihrer Kraft bekriegte er mich. Sorgend san ich nun selbst, den

cresc.
f dim.
ritt.
p

gedämpft.

Ring dem Feind zu entreissen. Der Rie_sen ei_ner, denen ich einst mit verfluchtem

cresc.
p

K 1007

Gold den Fleiss vergalt: Faf _ ner hü _ tet den Hort, um den er den Bruder gefällt. Ihm müsst'ich den.

Reif entrin _ gen, den selbst als Zoll ich ihm zahl _ te. Doch mit dem ich ver _ trug, ihn darf ich nicht

tref _ fen; macht _ los vor ihm er _ lä _ ge mein Muth: das sind die Ban _ de, die mich

bin _ den: der durch Ver _ trä _ ge ich Herr, den Verträ _ gen bin ich nun Knecht. **Etwas belebter.**

Nur Ei _ ner könn _ te, was ich nicht

darf: ___ ein Held, dem hel_ fend nie ___ ich mich neig_ te, der fremd dem Got_ te,

frei seiner Gunst, un _ bewusst, oh _ ne Geheiss aus eig' _ ner Noth, mit der eig' _ nen Wehr

schü_ fe die That, die ich scheu_ en muss, die nie mein Rath ihm rieth, wünscht sie auch ein_ zig mein

Wunsch!

Immer etwas belebter.

Der, entge _ _ gen dem Gott,

für mich föch_ te, den freundli_chen Feind. wie fän _ de ich ihn? Wie schüf' ich den

poco cresc.

re erseh' ich nie: denn selbst muss der Frei _ _ e sich schaffen,

Knech _ te   erknet' ich mir nur.

BRÜNNH:

Doch der Wäl _ sung,

Siegmund? wirkt er nicht selbst?

WOTAN.

Wild   durchschweift ich mit ihm die Wäl _ der;

gegen der Götter Rath reitzte kühn ich ihn auf: gegen der Götter Rache schützt ihn nun einzig das

Schwert, das eines Got - tes Gunst ihm be - schied.

gedehnt und bitter.

Wie wollt' ich li - stig selbst mich be -

- lü - gen? So leicht ja entfrug mir Fricka den Trug: zu tiefster Scham durchschaute sie mich!

BRÜNNH:

So nimst du von Sieg - mund den Sieg?

rasch.

Ihrem Willen muss ich ge - währen.

Schnell.

Ich be -

rühr _ _ te Al _ _ berich's Ring. gie _ rig hielt ich das

Gold!   Der Fluch,   den ich floh,

nicht flieht   er nun mich:_   Was ich

ausdrucksvoll.

lie _ _ be,   muss   ich   ver _ las _ _ sen.

mor _ _ den, wen je ich min _ _ ne,

trü _ gend ver _ rathen, wer mir traut!

(Wotan's Gebärde geht aus dem Ausdruck des furchtbarsten Schmerzes zu dem der

Verzweiflung über.)

Fah _ re denn hin, _____ her _ _ _ rische Pracht,

gött _ _ _ li _ chen Prun _ _ _ kes prah _ _ _ len _ de

Schmach! Zu _ sam _ men bre _ _ _ _ che, was ich ge _

_ baut! Auf geb' ich mein Werk, nur

Ei _ _ _ _ nes will ich noch: das En _ de, das

Gunst Gold ihm erzwang: des Has ses Frucht hegt ei ne Frau, des

Nei des Kraft kreiss't ihr im Schooss; das Wun der ge lang dem Lie

be lo sen; doch der in Lieb' ich frei te, den Freien, er lang' ich mir

(Mit bittrem Grimm sich aufrichtend.)

nicht. Sehr breit.

nimm, meinen Se gen, Nib lungen Sohn. Was tief mich ekelt, dir geb' ich's zum

So

118

K 1007

hal - te dich stark, all deiner Kühnheit ent-bie-te im Kampf ein

Sieg - - schwert schwingt Sieg - - mund. -

schwerlich fällt er dir feig!

BRÜNNH.

Den du zu lie - ben stets mich ge -

sehr warm.

-lehrt, der in heh - - rer Tu - gend dem Her-zen dir theu-er, - gegen

ihn zwingt mich nimmer dein zwei-spältig Wort!

WOTAN.

Ha, Freche du!

Fre-velst du mir? Wer bist du, als meines Willens blind wäh-lende Kür?

Da mit dir ich tag-te, sank ich so tief, dass zum

Schimpf der eig'-nen Ge-schöp-fe ich ward? Kennst du,

K 1007

Kind. meinen Zorn?

Ver_za_ge dein Muth, wenn je_ zer_malmend auf dich

stürz_te sein Strahl!

In mei_nem Bu_sen berg' ich den Grimm, der in Grau'n und Wust wirft eine

Welt, die einst zur Lust mir ge_lacht: Wehe dem, den er

trifft! Trau_er schuf' ihm sein Trotz! Drum

_rath' ich dir, rei_ze mich nicht! Be_sor_ge,was ich be_fahl:

Sieg_mund fal_le! Diess sei der Wal_kü_re Werk!

(Er stürmt fort, und verschwindet

schnell links im Gebirge.) (Brünnhilde steht lange erschrocken und betäubt.)

sehr ausdrucksvoll.

Langsamer ♩=♩

dim. e rall.

dim.

BRÜNNH.

So sah ich Sieg‑va‑ter nie, er‑zürnt' ihn sonst wohl auch ein Zank.

(Sie neigt sich betrübt, und

nimmt ihre Waffen auf, mit denen sie sich wieder rüstet.)

Dritte Scene.

(Auf dem Bergjoche angelangt, gewahrt Brünnhilde, in die Schlucht hinabblickend, Siegmund und Sieglinde: sie betrachtet die Nahenden einen

Bewegter.

Augenblick, dann wendet sie sich in die Höhle zu ihrem Rosse, so dass sie dem Zuschauer gänzlich verschwindet.)

(Siegmund und Sieglinde erscheinen auf dem Bergjoche.)

(Sieglinde schreitet hastig voraus. Sieg

SIEGMUND.

.mund sucht sie aufzuhalten.)

Raste nun

SIEGLINDE.

Weiter!   Weiter!

(Er umfasst sie mit sanfter Gewalt.)

hier,   gön_   _ne dir Ruh!

Nicht

(Er schliesst sie fest an sich.)

wei_   _ter nun!

Verwei . le, süs . . sestes Weib! Aus Wonne . Ent .

. zücken zuck . test du auf, mit jä . her Hast jag . test du fort: kaum

folgt' ich der wilden Flucht: Durch Wald und Flur über Fels und Stein. Sprach . los

schwei . gend sprangst du da . hin, kein Ruf hielt dich zur Rast!

(Sie starrt wild vor sich hin.)

Ru_he nun aus: re_ _de zu mir! En_de des Schweigens

Angst! Sieh dein Bru_der hält sei_ne Braut: Sieg_ _

(Sie blickt ihm mit wachsendem Entzücken in die Augen, dann umschlingt sie lei

_mund ist dir Ge_sell!

_denschaftlich seinen Hals, und verweilt so.)

(dann fährt sie mit jähem Schreck auf.)

130   K 1007

Min - ne ge - weckt   Von der süs - - - sesten Won - ne

hei - - - ligster Wei - he, die ganz ihr Sinn   und   See - - - - le durch

- drang.   Grau - - - en und

Schau - - - der ob gräss - - - - lich - ster Schan - de   musste mit

Schreck die Schmäh—li-che fas-sen, die je dem Man—ne ge—horcht, der oh-ne Min-ne sie hielt!

Lass' die Ver-fluchte, lass' sie dich fliehn! Ver-wor—fen

bin ich, der Wür _ _ _ _ de baar: dir

rein _ stem Man-ne muss ich ent - rin-nen, dir herr_ _lichem darf ich nimmer ge-

_ hören. Schan _ de bring ich dem Bru _ der,

Schmach _____ dem frei _ enden Freund!

SIEGMUND.

Was je Schande dir schuf das

büsst nun des Frevlers Blut! Drum flie_he nicht weiter; har_re des Feindes;

hier_ soll er mir fallen: wenn Nothung ihm das Herz zernagt, _____

SIEGLINDE.

(schrickt auf und lauscht.)

Horch! die Hörner hörst du den Ruf?_ Ringsher

Rache dann hast du er_ _reicht!

Lebhaft.

tönt wüthend Ge_ tös; aus Wald und Gau gellt es her_auf.

Hun _ ding er _ wachte aus har _ tem Schlaf! Sippen und Hunde ruft er zu_

_sammen; mu _ thig ge _ hetzt heult die Meute, wild bellt sie zum Him _ mel um der

E _ he ge _ bro _ chenen Eid!

(Sie starrt wie wahnsinnig vor sich hin.)

Wo bist du Siegmund? seh' ich dich noch? brünstig ge _ lieb _ ter, leuch _ tender Bru _ der!

Langsamer werdend.

Dei_nes Au _ ges Stern lass noch ein_mal mir. strah _ len: wehre dem Kuss' des verworf'nen Wei _ bes

Langsamer.

p *più p*

(Sie hat sich ihm schluchzend an die Brust geworfen:_ dann schrickt sie ängstlich wieder auf.)

nicht!_

Lebhaft.

p

fp *p*

p

Horch! o horch! das ist Hun_dings

cresc. *f* *fp* *cresc.*

Horn! Seine Meu _ _ te naht mit mächt'ger Wehr: kein Schwert

f *più* *p* *p* *p cresc.*

f

Vierte Scene.

(Brünnhilde, ihr Ross am Zaume geleitend, tritt aus der Höhle, und schreitet langsam und feierlich nach vornen.)

Sehr feierlich.

(Sie hält an, und betrachtet Siegmund von fern.) *lange.*

(Sie schreitet wieder langsam vor.)

(Sie hält in grosserer Nähe an.) *lange.*

BRÜNNH: (Sie trägt Schild und Speer in der einen Hand, lehnt sich mit der andren an den Hals des Rosses, und betrachtet so mit ernster Miene Siegmund.)

Siegmund!

K 1007

(Siegmund richtet den Blick zu ihr auf.)

Sieh' auf mich! Ich bin's der bald du folg'st.

SIEGMUND.

Wer bist du, sag' die so schön und ernst mir er - scheint?

BRÜNNHILDE.

Nur Tod - ge - weihten, taugt mein An - blick wer mich er - schaut, der

scheidet vom Le - bens Licht. Auf der Wal - statt al - lein erschein' ich Ed - len

wer mich ge_wahrt, zur Wal kor ich ihn mir!

(Siegmund blickt ihr lange forschend und fest in das Auge, senkt dann sinnend das Haupt, und wendet sich endlich mit Entschluss

wieder zu ihr.)

SIEGMUND.

Der dir nun folgt, wo_hin führst du den Hel_den?

BRÜNNHILDE.

Zu Wal_vater, der dich ge_wählt, führ' ich dich: nach Wal_hall

folgst du mir.

In Wal-hall's Saal Wal-

Ge-fall'-ner Hel-den heh-re Schaar um-

-vater find' ich al-lein?

-fängt dich hold mit hoch-hei-li-gem Gruss.

SIEGMUND.

Fänd' ich in Wal-hall Wäl-se,den eig'-nen Va-ter?

BRÜNNHILDE.

Den Va - ter fin - det der Wäl - sung dort!

SIEGMUND.

dolce Grüsst mich in Wal - hall

Wunsch - mädchen walten dort hehr:

froh ei - ne Frau?

Wo - tan's Toch - ter reicht dir trau - - - lich den Trank!

144

K 1007

SIEGMUND.
Hehr bist du und hei-lig ge-wahr ich das Wo-tans-kind: doch

Ei-nes sag' mir, du Ew'-ge! Be-glei-tet den Bru-der die

bräut-li-che Schwe-ster? um-fängt Sieg-mund Sieg-lin-de dort?

BRÜNNHILDE.
Er-den-luft muss sie noch äth-men: Sieg-lin-de sieht Sieg-mund dort

nicht

(Siegmund neigt sich sanft über Sieglinde, küsst sie leise auf die Stirn und wendet sich ruhig wieder zu Brünnhilde)

Langsamer.

SIEGMUND.

So grüsse mir Wal____hall, grüsse mir Wo____tan, grüsse mir

Wäl_se und al_le Hel___den grüss' auch die holden Wunschesmädchen:___

bestimmt.

zu ih____nen folg' ich dir nicht!

BRÜNNHILDE.

Du sa____hest der Wal____kü_re seh___renden

Blick: mit ihr musst du nun zieh'n!

146   K 1007

SIEGMUND.

Wo Sieg - linde lebt in Lust und Leid, da will Sieg - mund auch

säu - men: noch mach - te dein Blick nicht mich er - blei - chen; vom

BRÜNNHILDE.

So lang du lebst, zwäng' dich wohl

Blei - ben zwingt er mich nie!

nichts: doch zwingt dich Tho - ren der Tod:-

ihn dir zu kün den kam ich her

SIEGMUND.

Wo wä re der Held dem heut' ich

Hunding fällt dich im Streit.

fiel?

Mit

stärk'rem drohe, als Hundings Streichen. Lau-erst du hier lü stern auf

BRÜNNHILDE.

Dir, Wäl sung-

Wal. je nen kiese zum Fang: ich denk' ihn zu fällen im Kampf!

hö - re mich wohl: dir ward das Loos ge - kiest.

Kennst du diess Schwert? Der mir es

sehr stark betont

Der dir es

schuf, beschied mir Sieg: deinem Dro-hen trotz' ich mit ihm!

schuf, beschied dir jetzt Tod: sei-ne Tu - gend nimmt er dem Schwert!

heftig

Schweig'

piu f accel.

accel.

(Er beugt sich mit hervorbrechendem Schmerze zärtlich über Sieglinde.)

____ und schrecke die Schlummernde nicht! Weh! weh! Süs - - sestes

Etwas bewegt (*doch nicht zu schnell.*)

weich.

Weib! Du trau rigste al ler Ge treu en! Gegen dich

wüthet in Waffen die Welt: und ich, dem du einzig ver traut, für den du ihr ein zig ge

trotzt mit mei nem Schutz nicht soll ich dich schirmen, die Küh ne verra then im

Kampf? Ha Schande ihm, der das Schwert mir schuf, beschied'er mir Schimpf für Sieg!

Muss ich denn fal len, nicht fahr' ich nach Wal hall

K 1007

Rei _ ne le _ bend be _ rüh _ ren, verfiel ich dem Tod, die Betäub _ te tödt' ich zuvor!

BRÜNNH: (mit wachsender Ergriffenheit.)

Wäl _ sung! Ra _ sender! Hör' meinen Rath: be _ fiehl

mir dein Weib um des Pfan _ des wil _ len, das wonnig von dir es em _ pfing.

SIEGMUND. (Das Schwert ziehend.)

Diess

Schwert das dem Treu _ en ein Trug _ vol _ ler schuf, diess Schwert _ das feig vor dem

(Er zückt das Schwert auf Sieglinde

Feind mich verräth: __ fromt es nicht gegen den Feind, so from' es den wi_der den Freund!

Zwei Le _ ben lachen dir hier: nimm sie, Nothung, nei _ discher Stahl!

BRÜNNHILDE (im heftigsten Sturme des Mitgefühles.)

Halt' ein! Wäl _ sung!

nimm sie mit ei _ nem Streich!

Hö _ re mein Wort! Sieg _ lin_de

le - - be,_ und Sieg - - - - mund

le - be mit ihr!   Be -

-schlos - - sen ist's;   das Schlacht - loos

wend' ich: dir, _____ Sieg - mund, schaff' ich Se - - gen

und Sieg! Hörst du den Ruf? Nun rüste dich,

Held! Trau_e dem Schwert, und schwing'es ge_trost: treu hält dir die Wehr, wie die

Wal_kü_re treu _____ dich schützt!_ Leb' wohl, Sieg_mund, se___ligster

Held! Auf der Wal_statt seh' ich dich wieder!

(Sie stürmt fort, und verschwindet mit dem Rosse rechts in einer

Seitenschlucht. Siegmund blickt ihr freudig und erhoben nach._ Die Bühne hat sich allmählig verfinstert, schwere Gewitterwolken senken sich auf

(Siegmund neigt sich wieder über Sieglinde, dem Athem lauschend.)

allmählig zurückhaltend.

Fünfte Scene.

SIEGMUND.

Zau = berfest be = zähmt ein Schlaf der Hol = den Schmerz und Harm.

Mässig langsam.

Da die Wal = küre zu mir trat, schuf sie ihr den won = ni = gen Trost? Soll = te die

grimmi = ge Wahl nicht schrecken ein gramvolles Weib? — Langsamer.

Leb = los scheint sie, die dennoch lebt: der Trau = ri = gen kos't ein lä = = chelnder

Traum.—

Lebhafter.

p dolce.   *più p*   *pp*   *p*

(Er legt sie sanft auf'

So schlum'—re nun fort, bis die Schlacht ge—kämpft, und Frie—de dich er—freu'!

dim.   *p*   *rit.*   *p dolce.*

pp

den Steinsitz, und küsst ihr zum Abschied die Stirne.)   *dim.*   *pp.*

p dolce.   *rall. più p*

SIEGMUND. (vernimmt Hunding's Hornruf, und bricht entschlossen auf.)

Der dort mich ruft, rüs—te sich

Lebhaft.

f.   *p*   *cresc.*   *f*   *mf*

fp   *p*

(Er zieht das Schwert.)

nun, was ihm gebührt, biet' ich ihm: Nothung zahlt'ihm den

cresc.   *f*   *p*   *cresc.*   *f*   *ff*

p

K 1007

(Er eilt dem Hintergrunde zu, und verschwindet, auf dem Joche angekommen, sogleich in finstrem Gewittergewolk, aus wel-

Zoll!

- chem alsbald Wetterleuchten aufblitzt.)

SIEGLINDE (beginnt sich träumend unruhiger zu bewegen.)

Kehrte der Va - ter nun heim!   Mit dem

Langsamer.

Kna _ ben noch weiter im Forst. Mutter! Mutter! mir bangt der Muth, nicht freund und friedlich

schei _ nen die Frem _ den! Schwar _ ze Dämpfe schwü _ les Ge _ dünst _ feu _ rige

Lo _ he leckt schon nach uns _ es brennt das Haus zu Hül _ fe, Bru _ der! Siegmund!

(Sie springt auf.) (Starker Blitz und Donner.)

Siegmund! Sieg _ mund!

(Sie starrt in steigender Angst um sich her: fast die ganze Bühne ist in
schwarze Gewitterwolken gehüllt. Der Hornruf Hundings ertönt in der Nähe.)

Ha!

SIEGMUND (nun ebenfalls vom Joche her.)

Noch wähnst du mich waf . fenlos, fei - ger Wicht?

hier!

Droh'st du mit Frau - en, so ficht nun selber, sonst lässt dich Fricka im Stich! Denn

sich': deines Hau - ses hei - mischem Stamm, ent - zog ich zag - los das

SIEGLINDE.

(mit höchster Kraft.)

Haltet ein, ihr

Schwert; seine Schneide schmecke jetzt du!

bre - cherin! Furcht . . . . bar sei die Fre - che ge - straft, er -

immer f

- reicht mein Ross ih - re Flucht!

(Er verschwindet mit Blitz und Donner.) — Der Vorhang fällt schnell.

più f

fff

_ff_

molto cresc.

DRITTER AUFZUG.

Erste Scene.

Der Vorhang geht auf.

Auf dem Gipfel eines Felsberges. Rechts begränzt ein Tannenwald die Scene. Links der Eingang einer Felsenhöhle: darüber steigt der Fels zu seiner höchsten Spitze auf. Nach hinten ist die Aussicht gänzlich frei; höhere und niedere Felssteine bilden den Rand vor dem

Abhange. — Einzelne Wolkenzüge jagen, wie vom Sturm getrieben, am Felsensaume vorbei. — Gerhilde, Ortlinde, Waltraute und Schwertleite

haben sich auf der Felsenspitze über der Höhle gelagert: sie sind in voller Waffenrüstung.

(Gerhilde, zu höchst gelagert, dem Hintergrunde zurufend, wo ein starkes Gewölk herzieht)

(Die Erscheinung zieht immer näher, am Felsensaume von links nach rechts vorbei.)

GERH.   (ebenso)

Sie rei - ten zu zwei.

WALTR. (nach links)

Grim - gerd' und Ross - weis - se!

molto cresc. —————— ff

(In einem blitz-erglänzenden Wolkenzuge, der von links her vorbeizieht, erscheinen Rossweisse und Grimgerde, ebenfalls auf Rossen,

fff

jede einen Erschlagenen im Sattel führend)

immer ff

HELMW.

Ge-grüsst,

ORTL.

(Sind aus dem Tann getreten, und winken
vom Felsen-Saume den Ankommenden zu.)

Ge-grüsst,

SIEGR.

Ge-grüsst,

ROSSW. u. GRIMG.

Will_kom _ _ _ men!

_kom _ men! Will_kom _ men! Will_kom _ _ men!

_kom _ men! Will_kom _ men! Will_kom _ _ men!

poco dim.

fff

GRIMG.

Getrennt rit_ten wir, und trafen uns

SCHWERTL. (allein)

Wart ihr Kühnen zu zwei?

più dim.

ROSSW.

Sind wir al_le ver_sammelt, so säumt nicht lange: nach Wal_hall brechen wir

heut.

immer p

184

K 1007

186

Schneller

(Sie spähen mit wachsender Verwunderung.)

WALTR.

Nach dem Tann lenkt' sie das tau _ melnde

WALTR.

Ross.

ROSSW.

So jach sah' ich

GRIMG.

Wie schnaubt Gra _ ne vom schnel _ len Ritt!

HELMW.

Das ist kein Held!

ROSSW.

nie Wal _ küren ja _ gen!

ORTL.

Was hält sie im Sattel?

bewegt.

cresc.

188

ORTL.

(Alle in den Tann laufend.) Schwe _ _ ster! Schwe _ ster! was ist ge _

WALTR.

Schwe _ ster! Schwe _ ster! was ist ge _

GRIMG.

ha _ stig das Weib! Schwe _ _ _ _ ster! was ist ge _

SCHWERTL.

Schwe _ _ ster! Schwe _ ster! was ist ge _

cresc.

_ scheh'n?

(Alle Walküren kehren auf die Bühne
zurück; mit ihnen kommt Brünnhilde,
Sieglinde unterstützend und hereingeleitend)

_ scheh'n?

_ scheh'n?

_ scheh'n?

Schnell.

ff

f

BRÜNNHILDE.

(athemlos)

Schützt mich, und helft

più f

ff

190

K 1007

(Ortlinde und Waltraute springen auf die Felsenspitze zur Warte.)

BRÜNNH.

Schnell! Seht ihr ihn schon?

ORTL.

Ge-

WALTR.

Star - kes Ge - wölk staut sich dort
- wit - ter-sturm naht von Nor - den.

Weib!

HELMW. u. GERH

Was ist mit dem Wei‿be?

SIEGR. u. ROSSW.

Was ist mit dem Wei‿be?

GRIMG. u. SCHWERTL.

Was ist mit dem Wei‿be?

Hört mich in Ei le: Sieglinde ist es, Sieg‿mund's

Streng im Zeitmaass.

Schwester und Braut:‿ gegen die Wäl‿sungen wü‿thet Wo‿tan in Grimm; dem Bruder sollte

Brünn‿hil‿de heut ent‿zie‿hen den Sieg; doch Siegmund schützt' ich mit méinem Schild,

trotz‿end dem Gott;‿ der traf ihn da selbst mit dem Speer: Siegmund fiel; doch ich

floh fern mit der Frau; sie zu ret - ten eilt' ich zu euch _

ob mich Ban _ _ _ ge auch ihr berget vor dem stra _ fenden Streich!

(kleinmüthig)

HELMW.
Be _ thör _ te Schwe _ ster, was tha _ test du? _

GERH.
Be _ thör _ te Schwe _ ster, was tha _ test du?

SIEGR.
Be _ thör _ te Schwe _ ster, was tha _ test du?

ROSSW.
Be _ thör _ te Schwe _ ster, was tha _ test du?

GRIMG.
Be _ thör _ te Schwe _ ster, was tha _ test du?

SCHWERTL.
Be _ thör _ te Schwe _ ster, was tha _ test du?

BRÜNNH.

We - he der Ar _ men, wenn Wo _ tan sie trifft: den Wäl _ sun _ gen al _ len

droht er Ver _ der _ ben! _ Wer leiht _____ mir von euch das leich _ te _ ste Ross, das

flink die Frau ihm ent _ führ'?

SIEGR.

Auch uns räth'st du ra _ senden Trotz?

BRÜNNH.

Rossweis _ se, Schwester, leih' mir deinen Renner!

ROSSW.

Vor Wal _ va _ ter floh der flie _ gen _ de nie.

BRÜNNH.

Helmwi_ge, hö_re!

Grimger_de! Ger_hil_de! Gönnt mir eur Ross!

HELMW.

Dem Va_ter, gehorch' ich.

Schwertlei_te! Sieg_ru_ne! Seht meine Angst!

O seid mir treu, wie traut ich euch

Sieglinde, die bisher finster und kalt vor sich hinge_
starrt, fährt, als Brünnhilde sie lebhaft_ wie zum
Schutze umfasst, mit einer abwehrenden Gebärde auf.

ritard.

war: ret _ _ _ tet diess trau_ri_ge Weib!

Schnell.

SIEGL.

Nicht seh_re dich Sor_ge um mich:

ein _ zig taugt mir der

Langsamer.

Tod.— Wer hiess dich Maid, dem Harst mich ent-füh-ren? Im Sturm dort hätt' ich den Streich em-

-pfah'n von der sel-ben Waf-fe, der Sieg-mund fiel: das En-de fand ich vereint mit ihm!—

Allmählig etwas bewegter.

Fern von Sieg-mund — Sieg-mund, von dir!— O

deck-te mich Tod, dass ich's den-ke! Soll um die Flucht dir Maid ich nicht flu-chen, so er-

-hö-re hei-lig mein Fle-hen:— stos-se dein Schwert— mir in's

Stücken; seines Va - - ters Wal - statt ent-führt' ich sie glücklich: der neu-ge-

-fügt___ das Schwert einst schwingt, den Na - men nehm' er von

mir ___ Sieg - - fried___ er - freu' ___ sich des

Sieg's!

SIEGL.

(in grösster Rührung)

O heh - - - -

re _ stes Wun _ _ _ der! Herr _ _ _ _ lich _ ste

Maid! Dir Treu _ en dank' ich hei _ li _ gen Trost!

Für ihn, _ den wir lieb _ ten, rett' ich das Lieb _ ste: meines Dan _ kes

Lohn la _ che dir einst! _ Le _ be wohl! dich seg _ _ _

(Sie eilt rechts im

net Sieg — lin — de's Weh'!

Stürmisch.

Vordergrunde von dannen.) (Die Felsenhöhe ist von schwarzen Gewitterwolken umlagert; furchtbarer Sturm braust aus dem Hintergrunde

daher: wachsender Feuerschein rechts daselbst.)

WOTAN'S Stimme.

(durch ein Sprachrohr)

Steh'!

(Brünnhilde, nachdem sie eine Weile Sieglinden nachgesehen, wendet sich in den Hinter-

ORTL.

(Von der Warte herabsteigend.)

Den Fels er-reich-ten Ross und Rei-ter!

WALTR.

Den Fels er-reich-ten Ross und Rei-ter!

Brünnhild!

210

K 1007

grund, blickt in den Tann und kommt angstvoll wieder vor.)

212   K 1007

Zweite Scene.

(Wotan tritt in höchster zorniger Aufgeregtheit aus dem Tann auf, und schreitet vor der Gruppe der Walküren auf der Höhe, nach Brünnhilde spähend, heftig einher.)

K 1007

WOTAN.

Weich-her-zi-ges Wei-bergezücht! So mat-ten Muth gewannt ihr von mir? Er-

zog ich euch kühn, zum Kam-pfe zu zieh'n, schuf ich die Her-zen euch hart und scharf, dass ihr

allmählig etwas zurückhaltend.

Wilden nun weint und greint, wenn mein Grimm ei-ne Treulo-se straft?

Etwas breiter, doch nicht gedehnt.

So wisst denn, Winselnde, was die ver-brach, um die euch Za-gen die Zäh-re ent-

-brennt: Kei-ne wie sie kann-te mein in-ner-stes Sin-nen;

kei _ ne wie sie wuss _ te den Quell mei _ nes Wil _ lens!

Sie selbst ____ war mei _ nes Wun _ sches schaffen _ der

Schooss: _____ und so nun brach sie den se _ li _ gen Bund, dass treu _ los

sie meinem Wil _ len ge _ trotzt, mein herr _ schend Ge _ bot, of _ fen ver _ höhnt, gegen mich die

Waf _ fe gewandt, die mein Wunsch allein ihr schuf! _ Hörst du's,

Brünn - hil - de? Du, der ich Brünne, Helm und Wehr, Won - ne und Huld, Na - men und

Le - ben ver - lieh? Hörst du mich Kla - ge er - he - ben, und birgst dich bang dem

Klä - ger, dass feig du der Straf' ent - flöh'st?

Langsamer.

(Brünnhilde tritt aus der Schaar der Walküren

hervor, schreitet demüthigen, doch festen Schrittes von der Felsenspitze herab, und tritt so in geringer Entfernung vor Wotan.)

BRÜNNH.

Hier bin ich, Va - ter: ge - bie - te die Stra - fe!

Wieder etwas belebter.

WOTAN.

Nicht straf' ich dich erst: dei ne Stra fe schufst du dir selbst. Durch meinen

Wil len war'st du al lein: gegen mich doch hast du ge wollt; mei ne Be

feh le nur führtest du aus: gegen mich doch hast du be foh len;

Wunschmaid war'st du mir: gegen mich doch hast du ge wünscht; Schild maid

war'st du mir: gegen mich doch hob'st du den Schild; Loos kie se rin war'st du mir:

gegen mich doch kiestest du Loo _ se; Hel _ den _ rei _ zerin war'st du mir:

gegen mich doch reiztest du Hel _ den.

Was sonst du war'st, sag _ te dir Wo _ tan: was jetzt du bist, das sa _ ge dir

selbst! Wunschmaid bist du nicht mehr; Wal _

_ kü _ re bist du ge _ we _ sen: nun sei fortan, was so _ du noch

Mah . . . . . le das Trink . horn nicht reich'st du trau . lich mir

mehr; nicht kos' ich dir mehr den kin . di . schen Mund; von

gött . . li . cher Schaar bist du ge . schie . den, aus . ge .

. stos . sen aus der E . wi . gen Stamm: ge . bro . chen ist un . ser

Bund, aus meinem An . . . ge . sicht bist du ver .

gäbst?

WOTAN.

Der dich zwingt, wird dir's ent-zieh'n! Hie-her auf den Berg ban-ne ich dich, in wehr-lo-sen Schlaf schlies-se ich dich: der Mann dann fan-ge die Maid, der am We-ge sie fin-det und

WOTAN.

Hör — tet ihr nicht, was ich ver-hängt? Aus eu — rer

Schaar ist die treu-lo-se Schwe-ster ge-schie-den;

mit euch zu Ross durch die Lüf-te nicht rei — tet sie

län-ger; die magd — — liche Blu-me ver-blüht der

Maid; ein Gat — te ge-winnt ih-re weib — liche Gunst; dem her — rischen

Man ___ ne   ge-horcht sie fort _ an,   am
Her ___ de sitzt sie und spinnt,   al - ler Spottenden Ziel und Spiel!

(Brünnhilde sinkt mit einem Schrei zu Boden, die Walküren weichen entsetzt, mit heftigem Geräusch von ihrer Seite.)

Schreckt euch ihr Loos?   So flieht die Ver _ lor' _ _ ne!

Wei _ chet von ihr   und hal _ tet euch fern!   Wer von euch wag _ te,   bei ihr zu weilen,

wer mir zum Trotz zu der Traurigen hielt', die Thörin theilte ihr Loos: das künd' ich der Küh_nen

an!

Fort jetzt von hier, mei_det den Fel _ sen!

Hur _ tig jagt mir von hinnen, sonst er _ harrt Jam_mer euch hier!

Lebhaft.

(Die Walküren fahren unter wildem

Schrei auseinander und stürzen in hastiger Flucht in den Tann.)

HELMW. u. ORTL.

Weh'!

GERH. u. WALTR.

Weh'!

SIEGR. u. GRIMG.

Weh'!

ROSSW. u. SCHWERTL.

Weh'!

Weh'!

Weh'!

Weh'!

Weh'!

(Schwarzes Gewölk lagert sich dicht am Felsenrande; man hört wildes Geräusch im Tann.)

(Ein greller Blitzesglanz bricht in dem Gewölk aus, in ihm erblickt man die Walküren mit verhängtem Zügel, in eine Schaar zusammengedrängt,

wild davon jagen.)

(Bald legt sich der Sturm, die Gewitterwolken verziehen sich allmählig. In der folgenden

Scene bricht, bei endlich ruhigem Wetter, Abenddämmerung ein, der am Schlusse Nacht folgt.)

Allmählig etwas langsamer.

Dritte Scene.

(Wotan und Brünnhilde, die noch zu seinen Füssen hingestreckt liegt, sind allein zurückgeblieben. Langes feierliches Schweigen: unveränderte

Etwas langsam.

Stellung.)

(Sie beginnt das Haupt langsam ein wenig zu erheben.)

BRÜNNH: *schüchtern beginnend und steigernd.*

War es so schmäh-lich, was ich ver-brach, dass mein Ver-bre-chen so schmählich du be-

-strafst? War es so nied-rig, was ich dir that, dass du so

tief mir Er_nied_rigung schaffst? War es so ehr_los,

was ich be_ging, dass mein Ver_gehn nun die Eh_re mir raubt?

(Sie erhebt sich allmälig bis zur knieenden Stellung.)

O sag:_____ Va_ter! Sieh' mir in's Auge

schwei_ge den Zorn, zäh_me die Wuth, und deu_te mir hell die dunk_le

Schuld, die mit star_rem Trot_ze dich zwingt, zu ver_stos_sen dein trau_te_tes

Kind.   Deinen Be-

WOTAN (in unveränderter Stellung, ernst und düster.)

Frag' deine That, sie deutet dir dei-ne Schuld!

Etwas belebter.

-fehl führte ich aus.   So

Be-fahl ich dir, für den Wäl-sung zu fechten?

hiessest du mich als Herrscher der Wal!

Doch meine Weisung nahm ich wieder zu-rück!

BRÜNNH: *belebt.*

Als Fri-cka den eig'nen Sinn dir ent-frem-det; da ihrem Sinn du dich

füg _ test, wär'st du sel _ ber dir Feind.

WOTAN.

leise und bitter.

Dass du mich ver_standen, wähnt' ich, und strafte den wis_ _ senden Trotz: doch feig und dumm dachtest du mich!

So hätt' ich Ver_rath ____ nicht zu rä_chen, zu ge_ring wär'st du mei_nem

BRÜNNH:

Nicht wei _ _ se

Grimm?

Etwas breiter, wie im Anfang.

bin ich, doch wusst' ich das Ei - ne, dass den Wäl - sung du lieb - test.

Ich wusste den Zwiespalt, der dich zwang, diess Ei - ne ganz zu ver - gessen. Das And' - re

musstest ein - zig du seh'n, was zu schau'n so herb schmerz - te dein Herz: dass Sieg - mund

Schutz du ver - sag - test.

WOTAN.

Du wusstest es so, und wagtest dennoch den Schutz?

BRÜNNHILDE *leise beginnend.*

Weil für dich im Au - ge das Ei - - - ne ich hielt, dem, im Zwange des

And - ren schmerzlich ent - zweit, rath - - - los den Rü - cken du wand - test!

poco cresc.   *mf*   *p dolce.*

Die im Kampfe Wo - tan den Rücken be - wacht, die sah nun Das nur, was

cresc.

du nicht sah'st: Sieg - - - -

sf   *p*   *f*   *dim.*

furcht - ba - - res Leid _____ trau - - rig - sten Mu - - thes mäch - - tig - ster

Trotz! Meinem Ohr er - scholl, mein Aug er -

- schau - - te, was tief _____ im Bu - sen das Herz zu

heil' - - gem Be - - ben mir traf. Tempo Iº. Scheu und

staunend stand ich in Scham.

Ihm nur zu die — — nen

konnt' ich noch den — ken:

Sieg oder Tod mit Sieg — mund zu

thei — len:

diess nur er — kannt' ich zu kie — — sen als

Loos!

Der diese

Lie - - - - be mir in's Herz ge - haucht, dem Wil - len, der dem

Wäl - sung mich ge - sellt, ihm in - nig ver - traut

trotzt' ich deinem Ge - bot.

WOTAN.

So tha - test du, was so

gern zu thun ich be - gehrt; doch was nicht zu thun, die Noth zwiefach mich

zwang?

So leicht wähntest du Wonne des Herzens er_wor__ben, wo

bren_nend Weh' in das Herz mir brach, wo gräss_liche Noth den Grimm mir schuf, einer Welt zu Lie_be der

Lie_be Quell im ge_quäl_ten Herzen zu hem__men? Wo ge_gen mich

sel__ber ich sehrend mich wand__te, aus Ohnmacht Schmer_zen schäumend ich auf__schoss,

K 1007

wü - - thender Sehnsucht sen - gender Wunsch den schreck - lichen Wil - len mir schuf, in den

Trüm - - mern der eig' - - nen Welt _____ mei - ne

ew' - ge Trau - er zu enden: _____ da

la - chend der Lie - be Trank, als mir gött - licher Noth na - gende Gal - le, ge - mischt?

BRÜNNH: *einfach.*

Wohl taug-te dir nicht die thör-'ge Maid, die staunend im Ra-the nicht dich ver-

pp

poco cresc.

-stand, wie mein eig'-ner Rath nur das Ei-ne mir rieth: zu lie-ben was du ge-

sf

p

riten.

liebt.   Muss ich denn scheiden und scheu dich mei-den, musst du

p   *p*   *pp*

poco cresc.

spalten was einst sich um-spannt, die eig'-ne Hälfte fern von dir halten dass sonst sie ganz dir ge-

riten.

cresc.   *f*   *dim.*

-hör-te, du Gott, ver-giss das nicht! Dein e--wig Theil nicht wirst du ent-

Belebt.

p   *sf dim.*   *p*   *p*   *poco   a   poco*

dem her-rischen Man-ne gehorchen fort-an: dem fei-gen Prahler giebmichnicht Preis, nicht

poco riten.

werthlos sei er, der mich ge-winnt!

WOTAN.

Von Wal-va-ter schiedest du- nicht wäh-len darf er für

dich.

(leise mit vertraulicher Heimlichkeit.)

Du zeugtest ein ed-les Ge schlecht; kein Za-ger kann je ihm ent-

-schla-gen: der weih-lichste Held ich weiss es ent-blüht dem Wäl-sungen-

stamm.

WOTAN.

Schweig' von dem Wäl_sungen_stamm! Von dir ge_schie_den,

Die von

schied ich von ihm; ver_nich_ten musst' ihn der Neid!

dir sich riss, ret_tete ihn. Sieg_lin_de

heimlich.

hegt die hei_ligste Frucht; in Schmerz und Leid, wie kein Weib sie ge_

belebter.

wie sich's dir wirft; nicht kie . . sen kann ich es dir. Doch

Etwas langsamer.

fort muss ich jetzt, fern mich verziehn; zu viel schon zögert ich hier: von der Ab . wendigen

wend' ich mich ab; nicht wis . sen darf ich, was sie sich wünscht: die Stra . . fe nur

BRÜNNH:

Was hast du erdacht, dass ich er . dul . de?

muss vollstreckt ich sehn! *nicht schleppen.* In

fes . ten Schlaf ver . schliess' ich dich:

Zahn den Za - - - - - - - gen, der

frech sich wag - te dem freis - li - chen Fel -

(Wotan, überwältigt und tief ergriffen, wendet sich lebhaft gegen Brünnhilde, erhebt sie von den

- - sen zu nah'n!

Knieen, und blickt ihr gerührt in das Auge.)

WOTAN.

Leb' wohl, du

küh_nes, herr___liches Kind! Du mei_nes

Her___zens hei___ligster Stolz! Leb'

wohl! leb' wohl! leb'

wohl!

(Sehr leidenschaftlich.)

Muss ich dich mei_den, und därf nicht min_nig mein

K 1007

Gruss dich _____ mehr grüs _____ sen, sollst du nun nicht _____ mehr

ne _____ ben mir rei _____ ten, noch Meth beim Mahl mir rei _____ chen,

muss ich ver - lie _____ ren dich, die ich lie _____ be, du

la _____ chen - de Lust _____ meines Au _____

ges: ein bräut _ _liches Feu _ _ er soll dir nun bren _ nen, wie

nie einer Braut es ge _ brannt! Flam _ _ mende

Gluth um _ glü _ _ he den Fels, mit

zeh _ _ rendenSchre _ cken scheuch' es den Za _ gen; der Fei _ _ ge

flie _ _ he Brünn _ hilde's Fels! Denn Ei _ _ ner

Etwas langsamer.

nur frei - e die Braut, der frei - - er als ich _____ der Gött!

(Brünnhilde sinkt, gerührt und begeistert, an Wotans Brust: er hält sie lange umfangen.)

floss: dieser Au_gen strah_lendes Paar das oft im Sturm mir ge_glänzt wenn Hoff_nungssch_nen das Herz mir sengte, nach Wel_tenwonne mein Wunsch verlangte, aus wild we_bendem Ban_gen: zum letz_ten Mal letz' es mich heut' mit des Le_be_wohl_les letz_tem Kuss! Dem glück_lichern Man_ne glän_ze sein Stern: dem un_se_li_gen Ew'_gen

(Er fasst ihr Haupt in beide Hände.)

muss es scheidend sich schlies _ sen.   *ausdrucksvoll.*   Denn so kehrt der Gott sich dir

ab,   so   küsst er die   Gott _ _ heit von dir!

(Er küsst sie lange auf die Augen.)   (Sie sinkt mit geschlos

. senen Augen, sanft ermattend, in seine Arme zurück. Er geleitet sie zart auf einen niedrigen Mooshügel zu liegen, über den sich eine breit

. ästige Tanne ausstreckt.)

(Er betrachtet sie und schliesst ihr den Helm; sein Auge weilt dann

auf der Gestalt der Schlafenden, die er nun mit dem grossen Stahlschilde der Walküre ganz zudeckt. — Langsam kehrt er sich ab, mit einem schmerzlichen Blicke wendet er sich noch einmal um.)

(Er schreitet mit feierlichem Entschlusse in die Mitte der Bühne, und kehrt die Spitze seines Speeres gegen einen mächtigen Felsstein.)

WOTAN.

Lo - ge, hör'!

Mässig bewegt.

lau - sche hie - her! Wie zuerst ich dich fand, als feu - rige

(Lichte Brunst umgiebt Wotan mit wildem Flackern. Er weis't mit dem Speere gebieterisch dem Feuermeere den Umkreis des Felsenrandes zur

Strömung an, alsbald zieht es sich nach dem Hintergrunde, wo es nun fortwährend den Bergsaum umlodert.)

WOTAN.

Wer meines Spee - - - res Spit - - - ze fürch - - - tet, durch - schrei - - - te das Feu - - - er nie!

(Er streckt den Speer wie zum Banne aus.)

cresc. - - - - - -

più cresc. - - - - - - -

f

ff

273

(Er wendet sich nochmals mit dem Haupte und

blickt zurück.)

(Er verschwindet durch das Feuer.)

(Vorhang fällt.)

Fine

K 1007

T
The

© 1993 by Könemann Music Budapest Kft. · H–1027 Budapest, Margit krt. 64/B

Distributed worldwide by
Könemann Verlagsgesellschaft mbH · Bonner Str. 126, D–50968 Köln

Responsible co-editor: Tamás Zászkaliczky
Production: Detlev Schaper
Cover design: Peter Feierabend
Technical editor: Dezső Varga

Printed by: Kner Printing House Gyula
Printed in Hungary

ISBN 963 8303 12 3